2023년 12월 25일   1판 2쇄   **펴냄**
2023년 6월 25일   1판 1쇄   **펴냄**

펴낸곳 (주)효리원
펴낸이 윤종근
글쓴이 우리몸연구소 · **그린이** 유정연
등록 1990년 12월 20일 · **번호** 2-1108
우편 번호 03147
주소 서울시 종로구 삼일대로 457, 406호
전화 02)3675-5222 · **팩스** 02)765-5222
ⓒ 2011 · 2017 · 2023, (주)효리원

잘못 만들어진 책은 구입하신 서점에서 바꾸어 드립니다.
ISBN 978-89-281-0753-7 74810

이메일 hyoreewon@hyoreewon.com
홈페이지 www.hyoreewon.com

저학년 교과서
우리 몸

우리몸연구소 글·유정연 그림

머리말

우리 몸을 잘 알아야 건강할 수 있어요!

돈, 명예, 건강 그중에서 무엇이 가장 중요할까요?
혹시 이런 말 들어 보았나요?
'돈을 잃으면 조금 잃는 것이고, 명예를 잃으면 많이 잃는 것이며, 건강을 잃으면 다 잃는 것이다.'

우리가 살아가는 데는 돈도 필요하고 명예도 소중하지요. 그런데 돈이 아무리 많아도, 명예가 아무리 높아도 아파서 아무것도 할 수 없게 되거나 죽게 된다면, 돈은 더 이상 필요하지 않게 된답니다. 건강할 때 건강을 지켜야 진짜 하고 싶은 일들을 맘껏 하며 신나게 살 수 있지요.

그렇다면 우리 몸을 건강하게 할 수 있는 방법은 무엇일까요? 그것은 우리 몸에 대해 잘 아는 거예요. 몸을 잘 알아야 건강을 지킬 수 있으니까요.

　알면 알수록 신기한 게 우리 몸이에요. 기껏해야 2미터도 안 되는 우리 몸에는 뼈가 206개나 돼요. 굉장하지요? 또 뜨거운 피가 흐르는 핏줄은 얼마나 길다고요. 몸속 핏줄을 한 줄로 길게 이으면 지구를 두 바퀴 반이나 휘감을 수 있답니다.

　이 책에는 아기는 어떻게 엄마 배 속에서 숨을 쉬는지, 방귀에서는 왜 나쁜 냄새가 나는지, 눈은 왜 두 개인지 등등 어린이 여러분이 평소 궁금해하던 우리 몸에 대해 다루었어요. 우리 몸에 대해 잘 알고 나면 행복하게 사는 비결을 한 가지 더 알게 될 거예요.

　참, 몸을 건강하게 하는 것만큼 우리 마음을 건강하게 하는 것도 중요하답니다. 인디언들은 말을 타고 열심히 달리다가도 일부러 멈추어 선대요. 자신의 영혼이 잘 따라오고 있는지 돌아보기 위해서랍니다.

　이 책을 통해 몸과 마음이 모두 건강한, 그래서 진짜 행복한 어린이가 되기를 바랍니다.

우리 몸을 지탱하는 뼈

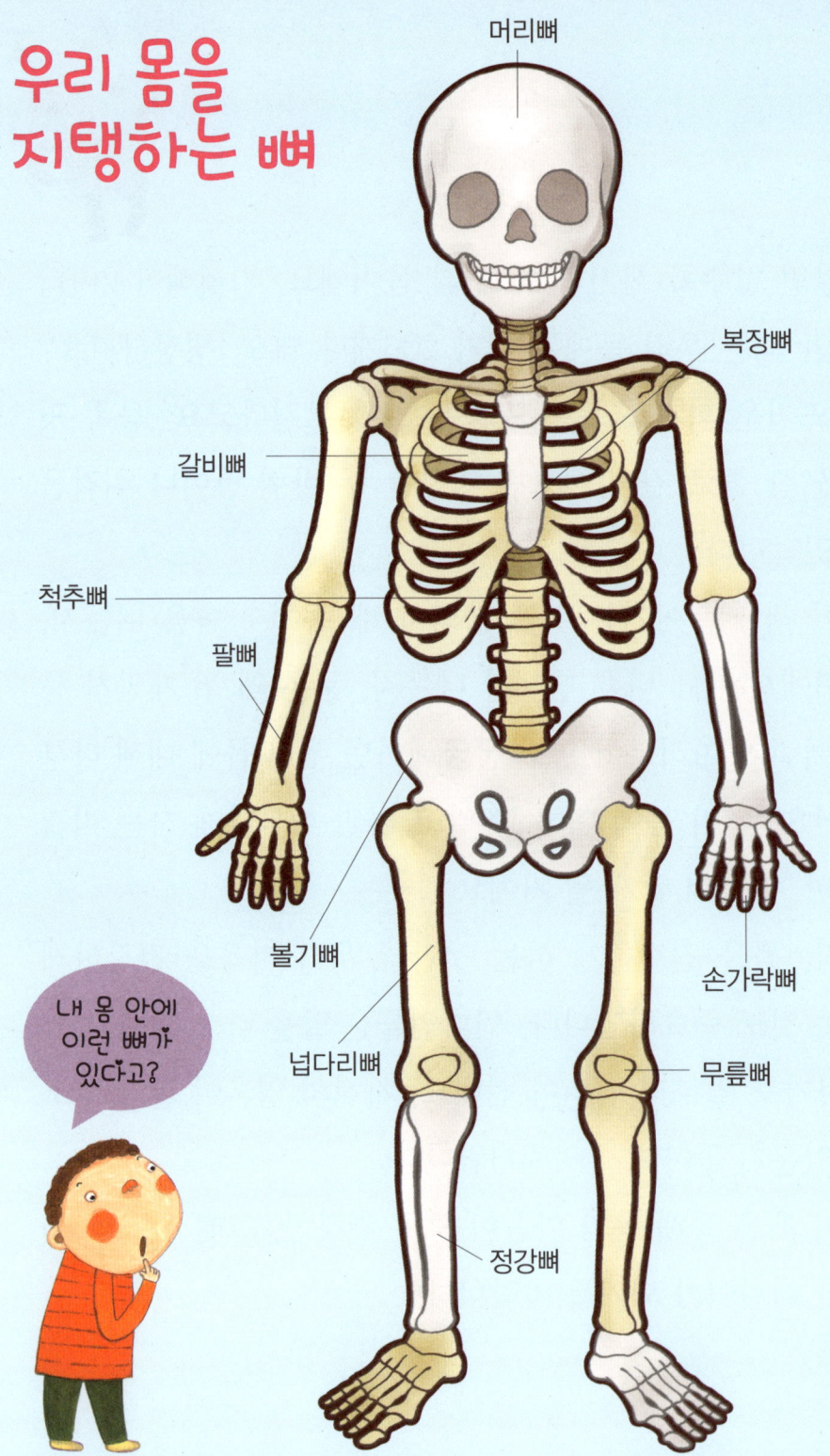

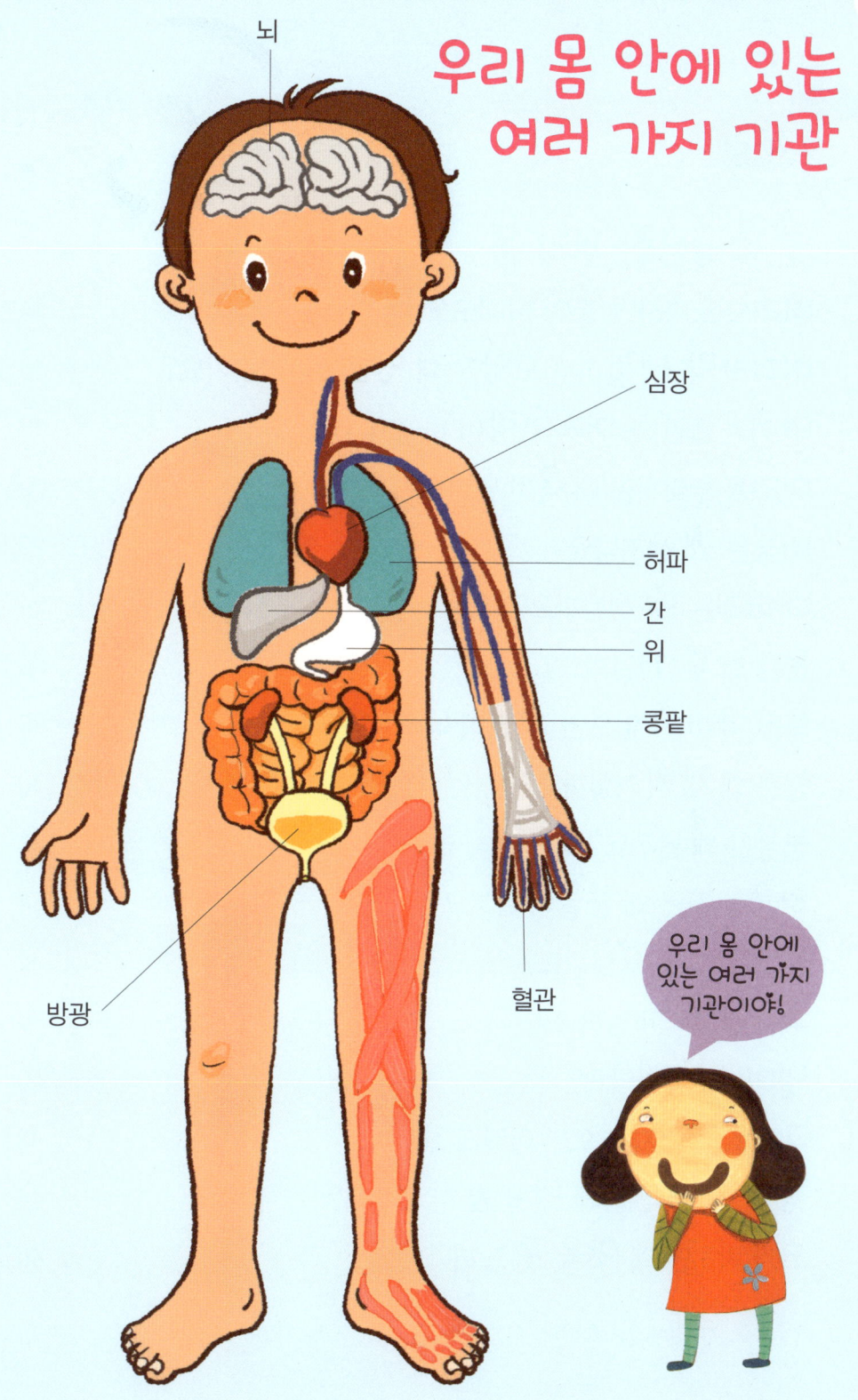

1장 궁금한 우리 몸

머리도 노력하면 **좋아지나요?** ········ 14
머리카락 색깔이나 **모양**은 왜 **인종**마다 다른가요? ········ 16
나이가 들면 왜 **머리카락**이 하얘지나요? ········ 18
머리를 부딪히면 왜 **혹**이 날까요? ········ 20
비듬은 **왜** 생기나요? ········ 22
대머리는 **왜** 생길까요? ········ 24
눈은 왜 **두 개**일까요? ········ 26
책을 **가까이** 읽으면 왜 **눈**이 나빠질까요? ········ 28
눈은 왜 **깜빡**거릴까요? ········ 30
눈물은 왜 날까요? ········ 32
하품을 하면 왜 **눈물**이 날까요? ········ 34
눈썹은 왜 **필요**할까요? ········ 36
귀는 왜 **두 개**일까요? ········ 38
멀미는 **왜** 하나요? ········ 40
귀지를 파내지 않으면 어떻게 될까요? ········ 42
청각 장애인은 왜 **말**을 할 수 없나요? ········ 44
코가 막히면 왜 **맛**을 못 느끼나요? ········ 46

코는 왜 골까요? · 48

왜 콧물이 날까요? · 50

코딱지는 왜 생길까요? · 52

코피는 왜 날까요? · 54

입술은 왜 빨갈까요? · 56

추울 때는 왜 하얀 입김이 날까요? · · · · · · · · · 58

침은 무슨 일을 할까요? · · · · · · · · · · · · · · · · · · · 60

2장 소중한 우리 몸

혀는 무슨 일을 하나요? · · · · · · · · · · · · · · · · · · · 64

혀는 어떻게 맛을 알아내나요? · · · · · · · · · · · · 66

덧니는 왜 생기나요? · 68

충치는 왜 생길까요? · 70

재채기는 왜 나올까요? · · · · · · · · · · · · · · · · · · · 72

하품은 왜 할까요? · 74

손톱은 왜 필요할까요? · · · · · · · · · · · · · · · · · · · 76

발은 왜 저릴까요? · 78

심장은 왜 뛸까요? · 80

빨리 뛰면 왜 숨이 찰까요? · · · · · · · · · · · · · · · 82

음식은 왜 **먹나요**? ·· 84

배는 왜 **고파질까요**? ·· 86

배에서 왜 **꼬르륵** 소리가 나요? ································ 88

왜 **토할까요**? ·· 90

트림은 **왜** 나오나요? ·· 92

숨을 쉬지 않고 **얼마나 살 수** 있을까요? ··············· 94

딸꾹질은 왜 하나요? ··· 96

오줌과 똥은 어떻게 만들어지나요? ························ 98

오줌을 누고 나면 왜 몸이 **떨릴까요**? ·················· 100

방귀는 왜 **나오나요**? ··· 102

방귀에서는 왜 나쁜 냄새가 날까요? ···················· 104

얼굴은 왜 **빨개지거나 하얘**질까요? ···················· 106

혈액형을 바꿀 수도 있나요? ································· 108

3장 신기한 우리 몸

상처가 났을 때 **피**는 어떻게 멈추나요? ·············· 112

부러진 뼈는 어떻게 다시 **붙을까요**? ··················· 114

키는 몇 살까지 커요? ··· 116

우리 몸은 어떻게 **움직이나요**? ····························· 118

웃으면 왜 몸에 **좋아요**? ··· 120

쥐는 왜 날까요? ——————————— 122
피부색은 왜 인종마다 다른가요? ——————— 124
왜 햇볕에 피부가 탈까요? ————————— 126
지문은 왜 있나요? ————————————— 128
땀은 왜 흘릴까요? ————————————— 130
때는 왜 생길까요? ————————————— 132
멍은 왜 생길까요? ————————————— 134
늙으면 왜 주름살이 생길까요? ——————— 136
목욕을 오래 하면 왜 피부가 쪼글쪼글해질까요? — 138
소름은 왜 돋을까요? ———————————— 140
점과 주근깨는 왜 생길까요? ————————— 142
모기에 물리면 왜 가려운가요? ———————— 144
여자는 왜 수염이 나지 않을까요? ——————— 146
아기는 어떻게 엄마 배 속에서 숨을 쉴까요? —— 148
배꼽은 왜 있을까요? ———————————— 150
자기 자신을 간질이면 왜 간지럽지 않을까요? — 152
아프면 왜 열이 날까요? —————————— 154
밥을 먹으면 왜 졸릴까요? —————————— 156
사람은 먹지 않고 얼마나 살 수 있나요? ——— 158

1장
궁금한 우리 몸

- 코딱지는 왜 생길까요?
- 하품을 하면 왜 눈물이 날까요?
- 나이가 들면 왜 머리카락이 하얘지나요?
- 귀지를 파내지 않으면 어떻게 될까요?

진짜진짜 궁금한 우리 몸!

머리도 노력하면 좋아지나요?

지능은 사람마다 다 다르게 태어나요. 하지만 노력만 하면 머리도 좋아질 수 있답니다.

뇌는 주름이 많을수록 지능이 좋은 거예요. 또 뇌 속의 신경 세포가 서로 많이 연결되어 있을수록 머리가 좋은 거예요.

그럼 어떻게 해야 머리가 좋아질까요? 책을 많이 읽거나 생각을 많이 하면 뇌의 신경 세포가 서로 얽히면서 연결이 많아져 머리가 좋아져요.

초등학교 저학년 때는 뇌가 활발하게 발달하는 시기이므로 바로 지금 책도 많이 읽고 생각도 많이 하세요. 그러면 머리가 좋아질 거예요. 어때요? 머리 좋아지는 방법, 쉽고 간단하죠?

머리카락 색깔이나 모양은 왜 인종마다 다른가요?

사람마다 머리카락 색깔이나 모양이 많이 달라요. 동양 사람들의 머리카락은 가늘고 곧은 검은색인데, 아프리카 사람들의 머리카락은 짧고 꼬불꼬불한 검은색이지요. 유럽 사람들의 머리카락은 부

드럽게 구불거리는 갈색이나 금색이고요.

 이렇게 머리카락 색깔이 서로 다른 것은 **멜라닌이라는 갈색 색소 때문**이에요. 멜라닌이 많으면 검은색, 조금 있으면 갈색, 거의 없으면 금색 머리카락이 된답니다.

 또 머리카락은 모낭이라는 주머니에서 나오는데, 이 주머니 모양과 크기에 따라 머리카락의 모양이 달라져요. **모낭의 모양이 동그라면 곧은 생머리가 나오지만, 모낭이 납작하면 꼬불꼬불한 곱슬머리가 나와요.** 그리고 모낭이 크면 굵은 머리카락이 나오고, 모낭이 작으면 가는 머리카락이 나온답니다.

나이가 들면 왜 머리카락이 하얘지나요?

머리카락이 없다면 어떨까요? 겨울엔 머리가 시려서 밖에 나가 눈싸움도 못 할 거예요. 반대로 여름엔 쨍쨍 내리쬐는 햇볕 때문에 머리가 뜨거워 힘들겠지요. 또 어딘가에 부딪혔을 때 머리카락이 있을 때보다 더 아플 거예요. 머리카락은 외부 충격

으로부터 머리를 보호해 주기도 하니까요.

이러한 머리카락은 나이가 들면 하얘져요. 그 이유는 멜라닌 색소 때문이에요. 검은색 머리카락은 멜라닌 색소가 많은 것이고, 갈색이나 노란색 머리카락은 멜라닌 색소가 적은 거예요. 그런데 나이가 들면 멜라닌 색소가 잘 만들어지지 않아요. 그래서 머리카락이 하얘지는 거랍니다.

꼭 나이가 들어야만 머리카락이 하얘지는 것은 아니에요. 여러 가지 질병이나 스트레스 때문에 젊은 사람인데도 머리카락이 하얘지는 경우가 있답니다.

머리를 부딪히면 왜 혹이 날까요?

피부 밑에는 수많은 핏줄이 있어요. 머리에도 피부가 있고 핏줄이 있지요.

우리가 머리를 무엇엔가 쾅! 세게 부딪히면 그 밑에 있던 핏줄이 터지기도 해요. 핏줄이 터지면 핏속의 *혈장이 흘러나와 머리뼈 위에 고여 살갗이 부풀어 오르게 되는데, 이것이 바로 혹이에요.

혹이 생기면 얼음찜질을 해

에잇, 형을 놀리다니!

요. 그러면 핏줄이 수축해서 피도 덜 나오고, 혹도 더 이상 커지지 않게 돼요. 하지만 혹이 생긴 원인을 정확히 모르는데 얼음찜질만 하는 것은 좋지 않아요. 그땐 병원에 가서 의사 선생님에게 진찰을 받는 것이 좋아요.

*혈장 : 피는 혈장이라는 액체 속에 적혈구, 백혈구, 혈소판이라는 세포가 떠 있는 거예요. 따라서 적혈구, 백혈구, 혈소판을 뺀 액체가 바로 혈장이지요.

비듬은 왜 생기나요?

활짝 핀 꽃도 며칠 지나면 꽃잎이 하나씩 떨어지지요? 우리 몸의 피부 세포도 수명을 다하면 몸에서 떨어져 나와요. 그러면 그 자리에 새로운 피부 세포가 만들어져 다시 건강한 피부가 된답니다.

머리에서도 늙은 세포가 떨어져 나오는데, 바로 비듬이에요. 비듬은 두피에서 떨어져 나온 피부 세포와 기름기, 먼지 따위가 뭉쳐진 거예요. 하얀 비듬은 머리카락이 검다 보니 눈에 잘 띄어요.

비듬을 없애려면 어떻게 해야 할까요?

머리를 자주 감는 것도 중요하지만, 머리를 감는 방법도 아주 중요해요. 샴푸와 린스의 화학 성분이 두피에 남아 있지 않도록 깨끗이 헹궈 주어야 한답니다. 또 비타민 B가 많은 우유나 달걀 등을 먹는 것도 좋은 방법이에요.

대머리는 왜 생길까요?

 사람의 머리카락은 약 10만 올이나 돼요. 머리카락은 한 달에 약 1~1.5센티미터 정도씩 자라는데, 겨울보다 여름에 더 잘 자라요. 머리카락 한 올의 수명은 여자는 6~7년, 남자는 3~5년 정도예요.
 사람은 보통 머리카락이 하루에 50~100올쯤 빠져요. 대신 그 자리에 새 머리카락이 나와요. 그런데 머리카락이 빠지기만 하고 새로 나지 않으면 어

떻게 될까요? 바로 대머리가 되는 거예요.

안드로젠이라는 남성 호르몬이 머리카락이 나오는 구멍을 막아 버리면 머리카락이 자라지를 못해 대머리가 된답니다.

대머리는 유전인 경우가 많아요. 하지만 화상이나, 심한 스트레스, 몸이 허약해졌을 때에도 생길 수 있으니 항상 건강하고 즐겁게 생활해야 해요.

눈은 왜 두 개일까요?

오른쪽 눈으로 봤을 때와 위치가 달라!

팔을 쭉 뻗은 다음 먼저 오른쪽 눈을 감고 주먹을 보세요. 다음에는 왼쪽 눈을 감고 주먹을 보세요. 어때요? 주먹은 가만히 있는데 주먹의 위치가 다르게 보이지요?

이처럼 눈이 한 개뿐이면 물체까지의 거리를 정확히 잴 수 없어요. 만약 한 개의 눈으로 술래잡기를 한다면 재미없을 거예요. 가까이 있는 것 같아 쫓아가 보면 실제로는 더 멀리 있으니 술래가 아무리 쫓아다녀도 소용없을 테니까요.

또 눈이 한 개면 물체의 모습을 입체적으로 볼

수도 없어요. 납작하게 보이기 때문에 정확하게 볼 수도 없답니다. 게다가 시야의 폭이 좁아서 주변을 보려면 머리를 이쪽저쪽으로 돌려야 해요.

책을 가까이 읽으면 왜 눈이 나빠질까요?

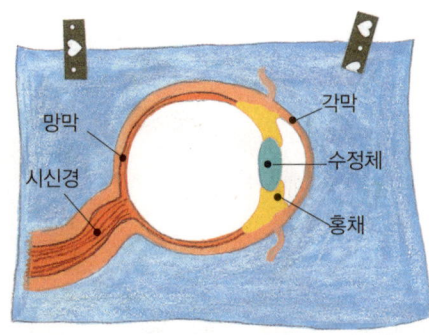

눈은 멀리 있는 물체를 볼 때보다 가까이 있는 물체를 볼 때 훨씬 더 피로해요. 왜냐하면 가까이 있는 물체를 보려면 **수정체를 볼록하게 만들어 줘야 하는데, 이때 수정체의 모양을 조절하는 근육이 많이 수축하기 때문**이에요. 따라서 책과 눈의 거리가 가까우면 눈의 근육이 아주 피로해진답니다.

눈이 나빠지는 것을 예방하는 방법!
눈을 자주 깜빡거리거나 30분에 한 번 정도는 책을 덮고 먼 곳을 보세요. 이때 초록색을 바라보면 눈의 피로를 덜어 줄 수 있어요. 또 눈 주위를 눌러서 근육을 풀어 주는 것도 좋은 방법이랍니다.

뿐만 아니라 어두운 곳에서 책을 읽으면 원래 상태로 풀어져 있던 눈의 근육들이 글씨를 읽기 위해서 빛을 모으려고 다시 수축해요. 이런 일이 자주 일어나면 눈이 피로해져서 나빠지게 된답니다.

눈은 왜 깜빡거릴까요?

눈을 깜빡거리면 눈물이 눈 전체에 골고루 퍼져 먼지나 세균들을 씻어 내게 돼요. 또 눈 표면을 촉촉하게 해 눈을 보호하기도 해요.

사람은 보통 1분에 6~15번 눈을 깜빡거려요. 불안하거나 피곤하면 더 많이 깜빡거리지요. 책을 읽거나 컴퓨터 모니터를 볼 때처럼 집중해서 뭔가를 볼 때는 적게 깜빡거려요.

너무 오랫동안 눈을 깜빡이지 않으면 눈이 빨개지고 따가워져요. 적당히 눈을 깜빡여야 이런 증세를 막을 수 있어요.

눈물은 왜 날까요?

눈물은 눈꺼풀 밑에 있는 눈물샘에서 만들어져요. 눈물은 슬프거나 기쁠 때도 나지만, 눈에 먼지 같은 것이 들어가도 저절로 흘러나와요. 눈물이 눈에 들어간 먼지를 씻어 내는 거예요. 눈물은 눈에 영양과 산소를 공급해 눈을 튼튼하게 해 줘요. 또 눈물에는 세균을 없애는 성분이

슬프면 눈물이 나.

행복해도 눈물이 나.

있어서 질병으로부터 눈을 보호해 주기도 한답니다.

눈물은 아주 깨끗한 물이에요. 하지만 눈물 속에 나트륨이 조금 들어 있기 때문에 짠맛이 난답니다.

아, 울 때 눈물과 함께 왜 콧물이 나는지 아세요? 그것은 눈과 코가 서로 연결되어 있어서 눈물이 콧속으로 흘러내려서 그렇답니다.

하품을 하면 왜 눈물이 날까요?

위쪽 눈꺼풀에는 눈물을 만드는 눈물샘이 있어요. 눈꺼풀 안에는 '누낭'이라는 눈물주머니가 있고요. 눈물샘에서 나온 눈물은 눈을 씻어 낸 후 눈물주머니에 모여 있다가 콧구멍으로 흘러 나가요.

하품을 하면 얼굴 근육이 움직이면서 눈물주머니를 누르게 돼요. 그러면 누낭에 고여 있던 눈물이 흘러나와요. 너무 많이 웃어도 눈물이 나는데, 그때에도 얼굴 근육이 눈물주머니를 눌러 눈물이 흘러나오는 거예요.

처음 하품을 할 때는 눈물주머니에 고여 있던 눈

물이 나오지만, 여러 번 하품을 하면 눈물주머니의 눈물이 다 없어져 버렸기 때문에 더 이상 눈물이 나오지 않는답니다.

눈썹은 왜 필요할까요?

눈썹이 없으면 보기 싫기 때문이라고요? 그것도 맞아요. 하지만 눈썹은 그보다 더 중요한 일을 해요. 이마에서 흐르는 땀이 눈 속으로 들어가지 못하도록 막아 주어요. 또 햇빛을 막아 주기도 해요. 길이는 0.7~1센티미터밖에 안 되지만 강한 햇빛이 비칠 때 얼굴을 찌푸리면 눈썹이 뻗치면서 햇빛을 막아 준답니다. 그리고 충격을 흡수해서 눈을 보호하기도 해요.

속눈썹은 무슨 일을 하나요?
양쪽 눈에는 200개 정도의 속눈썹이 있어요. 속눈썹은 먼지나 세균이 눈으로 들어가지 못하게 막아 주는 일을 해요.

귀는 왜 두 개일까요?

귀 막음!

한 귀로 들으니 잘 안 들려!

오른쪽에서 나는 소리는 오른쪽 귀의 고막에 먼저 도착한 뒤 왼쪽 귀의 고막에 도착해요. 그 차이는 아주 짧지만, 뇌는 그 시간 차이로 소리가 나는 곳을 알아낸답니다.

따라서 귀가 한 개밖에 없다면 어느 쪽에서 소리가 나는지 정확한 위치와 방향을 알기가 힘들어요. 또 귀가 두 개이기 때문에 소리를 정확하게 들을 수 있어요.

한 귀를 막고 소리를 들어 보세요. 두 귀로 들을 때보다 잘 안 들릴 거예요.

참, 오른쪽 귀와 왼쪽 귀는 잘 들을 수 있는 소리

가 서로 달라요. 오른쪽 귀는 말소리처럼 생활에 필요한 소리를 잘 듣고, 왼쪽 귀는 음악 소리처럼 예술적인 소리를 더 잘 듣는답니다.

멀미는 왜 하나요?

우리 귓속에는 반쪽 고리처럼 생긴 **반고리관**이 세 개 있어요. 이 반고리관 속에는 액체와 아주 작은 털이 있는데, 우리가 머리를 흔들면 이 액체와 털이 흔들리면서 신호를 뇌로 보내요. 그럼 뇌에서는 우리 몸이 어떤 자세인지 알아내어 똑바로 서게 하지요. 귀 덕분에 몸의 균형을 잡을 수 있는 거예요.

우리가 배를 타거나 차를 탈 때 멀미를 하는 것은 **반고리관이 뇌에 보내는 신호와 우리 눈이 보내는 신호가 서로 다르기 때문**이에요. 반고

덜컹거리는 차나 출렁거리는 배를 타면 멀미를 하게 돼.

어질 어질

반고리관
겉귀
겉귀길
고막
달팽이관

리관에서는 출렁이는 높은 파도의 움직임을 신호로 보내는데, 눈이 그 움직임을 따라가지 못하면 뇌는 혼란스러워져요. 그래서 현기증이 나거나 속이 메스꺼워지는 것이랍니다.

출렁출렁~.

귀지를 파내지 않으면 어떻게 될까요?

귀지는 귀에서 나오는 분비물에 먼지나 피부 각질 같은 것이 엉겨 붙어서 만들어진 거예요.

귀지는 귓속에 먼지가 못 들어오도록 막아 줄 뿐만 아니라 귓속 피부를 보호해 주어요. 그러니 귀지를 억지로 파낼 필요는 없어요. 그냥 두면 작은 귀지들은 저절로 나온답니다.

하지만 큰 귀지가 귀를 막아서 소리가 잘 안 들릴 때에는 이비인후과에 가는 것이 좋아요. 이비인후과에서는 귀지를 녹여서 안전하게 빼내거든요. 집에서 면봉이나 귀이개로 무리하게 귀지를 파내다 고막을 다치거나 귓속에 상처를 내면 큰일이니까 함부로 파내지 마세요.

청각 장애인은 왜 말을 할 수 없나요?

갓난아이는 응애응애! 우는 것으로 자기 생각을 표현해요. 하지만 점점 자라면서 말을 배워 자신의 생각을 표현하게 되지요. 아기들이 말을 하는 것은

주위 사람들이 하는 말을 여러 번 듣고 따라 하는 거예요. 하지만 청각 장애인은 말을 듣지 못하기 때문에 말을 배우지 못한답니다.

청각 장애인도 말하는 법을 훈련 받기도 해요. 하지만 자신의 목소리를 듣지 못하기 때문에 정확한 발음으로 말하기가 쉽지 않아요. 그래서 청각 장애인은 사람들의 입 모양을 보고 무슨 말을 하는지 아는 법을 배우기도 하고, 수화를 배워서 손 동작으로 말을 한답니다.

코가 막히면 왜 맛을 못 느끼나요?

우리가 음식 맛을 느끼려면 코도 꼭 필요해요. 고소한 맛이나 비릿한 맛 등 다양한 맛은 혀가 아니라 코가 냄새로 알아내거든요.

콧속에는 냄새를 맡는 작은 털이 5억 개나 있어요. 이 털은 아주 작아서 눈에 보이지 않아요.

숨을 쉴 때 공기 중에 있는 **냄새 알갱이들이 콧속으로 들어와 이 털에 붙으면, 털은 냄새 정보를 뇌로 보내고, 뇌는 그것이 어떤 냄새인지 판단해요.**

그런데 코가 막히면 콧속으로 냄새 알갱이들이 잘 들어가지 못하기 때문에 맛을 못 느끼게 돼요. 감기에 걸리면 입맛도 없어지지요? 코가 막혀서 냄새를 못 맡기 때문에 맛을 느낄 수 없어서 그런 거예요.

코는 왜 골까요?

콧구멍에서 목구멍 사이의 빈 공간을 '비강'이라고 하는데, 이 비강이 좁아지거나 콧속이 막히면 입으로 숨을 쉬게 돼요. 이때 들이마신 공기가 입 안쪽을 진동시키면 시끄러운 소리가 나는데, 이 소리가 바로 코 고는 소리랍니다.

코는 여자보다 남자가 더 많이 골아요. 또 살찐 사람이 마른 사람보다 더 많이 곤답니다. 코를 골지 않으려면 옆으로 눕거나 엎드려 자는 게 좋아요.

왜 콧물이 날까요?

코는 평소에 콧속이 마르지 않도록 액체를 계속 내보내고 있어요. 또 콧속에 먼지가 들어가면 더 많은 액체를 만들어서 먼지들을 코 밖으로 흘려보내곤 하는데, 이것이 바로 콧물이에요.

콧물은 지저분한 거라고 생각했는데 참 중요한

겨울에 콧물이 더 많이 나오는 이유!
날씨가 추워지면 콧속으로 들어오는 차가운 공기를 따뜻하게 하려고 코에서 물을 더 많이 만들어 내요. 이때 너무 많이 만들어진 물은 코 밖으로 흘러나와요. 그래서 겨울에는 다른 계절보다 콧물이 더 많이 나온답니다.

일을 하지요? 이처럼 우리 몸에는 필요 없는 것이 하나도 없어요. 모두 다 소중한 것들이랍니다.

코딱지는 왜 생길까요?

코털은 코로 들어온 먼지나 세균들이 허파(폐)로 넘어가지 못하도록 걸러 줘요. 이때 걸러진 먼지들은 콧속에 달라붙게 돼요. 콧속에는 끈적끈적한 콧물이 있어서 먼지가 달라붙기 쉽답니다. 이때 제 수명을 다하고 떨어진 콧속의 피부와 콧물, 먼지 등이 한데 엉겨 뭉쳐지면 바로 코딱지가 돼요.

코딱지가 먼지와 세균 덩어리이기는 하지만 밖에서 들어오는 이물질을 걸러 주는 역할도 하니까 나쁘기만 한 것은 아니

지요.

코딱지가 너무 많이 생겨서 불편할 때에는 세게 후비지 말고 코에 수증기를 쐬어 보세요. 코딱지가 촉촉해졌을 때 코를 풀면 쉽게 빼낼 수 있어요.

코피는 왜 날까요?

콧속에는 '모세 혈관'이라는 아주 가는 핏줄이 퍼져 있어요. 모세 혈관은 무척 예민해서 코를 세게 풀거나 코에 충격을 주면 터져서 피가 나오게 돼요. 이것이 바로 코피예요. 또 너무 피곤하거나, 감기에 걸려서 코를 자주 풀다 보면 콧속이 약해져서 코피가 나기도 해요.

코피는 여름에 더 자주 나요. 기온이 올라가면 핏줄이 붓게 되고, 그러면 핏줄이 약해져서 아주 작은 충격에도 쉽게 터져 버리기 때문이에요. 코딱지를 심하게 후벼도 콧속의 핏줄이 터져서 코피가 날 수 있으니 조심하세요.

코피를 멈추게 하려면 코를 솜으로 막고 콧등을 잠깐 꽉 쥐고 있으면 돼요. 얼음이나 찬물로 코를 차게 해 주는 것도 좋아요. 머리를 뒤로 젖히면, 피가 허파 속으로 들어갈 수도 있으니까 고개는 앞으로 숙이는 것이 좋아요.

조심해!

쿵

아얏, 쌍코피! 으아앙~!

입술은 왜 빨갈까요?

입술 피부는 아주 얇아서 바로 밑에 모여 있는 **모세혈관이 다 비쳐 보여요. 그래서 입술이 빨갛게 보이는 거예요.** 하지만 입술은 늘 빨갛지는 않아요. 혈액 속에는 헤모글로빈이라는 색소가 있는데 이것이 산소와 만나면 밝은 선홍색이 되지만, 산소를 잃어버리면 검붉은색으로 변한답니다.

그럼 추울 때는 왜 입술이 파랗게 보일까요? 우리 몸이 추위를 느끼면 열을 빼앗기지 않으려고 피부에 있는 혈관을 수축시켜요. 그러면 피가 혈관 속을 천천히 지나가게 돼요. 그러면 산소의 공급도 느려져 입술이 파랗게 보인답니다.

추울 때는 왜 하얀 입김이 날까요?

우리가 숨을 내쉬면 입과 코로 공기가 나와요. 우리 몸에는 물이 많기 때문에 우리가 내쉬는 공기에도 수증기가 많아요.

우리 몸은 항상 36.5도를 유지하고 있으므로, 겨울날 우리 몸에서 나온 수증기는 주위의 공기보다 따뜻해요. 그런데 이 따뜻한 수증기가 찬 공기를 만나면 금방 차가워지면서 작은 물방울

모양으로 바뀌어요. 그래서 우리가 숨을 내쉴 때 하얀 입김을 볼 수 있는 거예요.

물방울들은 아주 작기 때문에 공기 중에 떠 있을 수도 있어요. 추울 때 하얀 입김이 나오는 이유, 이제 알았지요?

침은 무슨 일을 할까요?

침은 귀 밑, 혀 밑, 턱 밑에 있는 침샘에서 만들어져요. 침은 하는 일도 없이 지저분하기만 한 것 같지만, 음식물을 적셔 소화시키고 음식 맛을 잘 느끼도록 하는 데 꼭 필요해요. 식도로 음식물이 잘 내려가게 하고, 목소리가 부드럽게 잘 나오도록 도와주는 것도 침이에요. 또 침은 입안의 세균을 죽이기도 해요.

그런데 아기들은 왜 자꾸 침을 흘릴까요? 그것은 아기들은 아직 침을 삼킬 만한 힘이 없기 때문이에요. 또 침을 삼킬 것인지 뱉을 것인지 판단하는 능력도 약하기 때문에 침을 흘리는 것이랍니다.

2장 소중한 우리 몸

- 오줌과 똥은 어떻게 만들어지나요?
- 방귀에서는 왜 나쁜 냄새가 날까요?
- 위는 왜 꼬르륵 소리를 낼까요?
- 혈액형을 바꿀 수도 있나요?

소중한 우리 몸으로 출발!

혀는 무슨 일을 하나요?

첫째, 혀는 맛을 보는 일을 해요. 혓바닥에는 맛을 느끼는 작은 돌기들이 많이 나 있어요. 이 돌기들이 맛을 느끼고 맛에 대한 정보를 뇌에 보내면 뇌가 무슨 맛인지 판단하게 되지요.

둘째, 혀는 음식물을 이리저리 보내 이가 골고루 씹을 수 있도록 도와줘요. 또 음식물과 침이 잘 섞이게 해 주고, 음식물을 식도로 넘겨 줘요.

셋째, 혀는 입술과 힘을 합쳐 말을 하거나 노래를 부르도록 도와줘요.

넷째, 몸의 건강 상태를 알려 줘요. 건강한 사람의 혀는 붉은색이지만, 빈혈이 있으면 붉은색이 적어진답니다.

혀는 어떻게 맛을 알아내나요?

혀는 입안에 있는 길쭉한 모양의 근육이에요. 표면은 점막으로 덮여 있고, 전체를 혀뿌리, 혀몸통, 혀끝 이렇게 세 부분으로 나누어요.

입안에서 움직이는 혀는 전체 혀의 3분의 2 정도 부분이에요. 이 부분은 4개의 영역인 혀끝, 혀모서리, 혓등, 혀 아래로 구분되어요.

혀를 자세히 살펴보면 아주 작지만 오돌토돌 튀어나온 수많은 돌기를 볼 수 있어요. 이 돌기에는 '미뢰'라는 맛봉오리가 있는데, 바로 이곳에서 맛을 느끼는 거예요. 혀의 맛봉오리는 혀의 모든 지점에서 모든 맛을 감지할 수 있어요.

맛봉오리

덧니는 왜 생기나요?

사람은 태어나 6개월 정도 지나면 이가 나기 시작해요. 이때 나오는 이를 '젖니'라고 해요. '젖을 먹는 젖먹이일 때 나는 이'라는 뜻이에요.

젖니는 모두 20개이고, 세 살 전에 모두 다 나요. 그 후 여섯 살에서 열두 살 사이에 하나씩 빠지고 새 이가 나는데, 이 새 이를 '영구치'라고 한답니다.

젖니가 제때에 안 빠지면 잇몸에 이미 생겨난 영구치가 밀고 나와서 젖니와 함께 자리를 잡게 돼요. 바로 덧니예요.

영구치는 왜 중요해요?
영구치는 보통 32개예요. 영구치는 평생 쓰는 이라서 잘 관리해야 해요. 한번 빠지면 다시 나지 않아요.

또 먼저 난 이와 이 사이에 새 이가 날 자리가 부족할 때가 있어요. 그러면 늦게 난 이는 옆으로 밀려나면서 덧니가 된답니다.

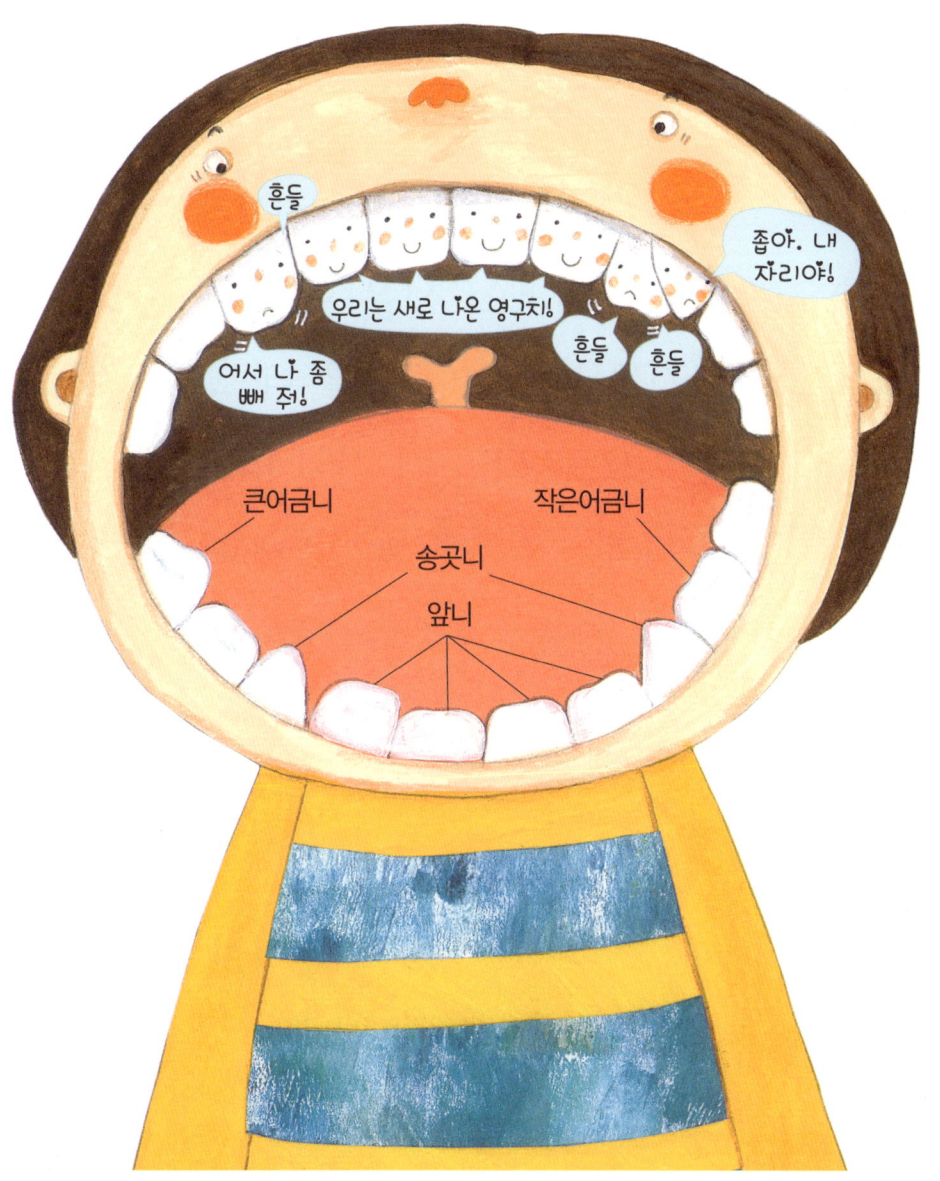

충치는 왜 생길까요?

음식을 먹고 이를 잘 닦지 않으면 이에 음식 찌꺼기가 쌓여요. 입안에는 음식 찌꺼기를 먹고 사는 세균이 있는데, 이 세균들이 음식 찌꺼기 속의 당분을 산으로 바꿔 버려요. 산은 이의 표면을 덮고 있는 사기질을 녹여 구멍을 내고, 세균들은 이 구멍 속으로 점점 더 깊이 파고들어 가요. 바로 충치예요. 충치가 생기면 세균이 혈관과 신경을 건드리기 때문에 무척 아파요.

음식을 먹고 난 뒤, 이를 잘 닦으면 충치가 생기는 것을 막을 수 있어요.

껌을 씹으면 이에 낀 음식 찌꺼기를 어느 정도 없앨 수는 있지만 껌 속에 든 설탕 때문에 오히려 이를 더 잘 썩게 할 수도 있어요.

재채기는 왜 나올까요?

먼지나 꽃가루처럼 우리 몸에 해로운 것들이 콧속으로 들어와 코를 간질이면 우리 몸은 허파를 보호하기 위해 그것들을 다시 몸 밖으로 내보내려고 반응해요. 이것이 바로 재채기예요.

보통 재채기를 하기 전에 숨을 여러 번 들이마시지요? 그것은 허파 속에 공기를 많이 넣어 두기 위해서예요. 허파 속에 공기를 충분히 모은 다음에 재채기를 해서, 코와 입으로 공기가 나갈 때 먼지도 함께 쑥 빠져나가게 하기 위한 것이지요.

하품은 왜 할까요?

우리는 신선한 공기를 몸속으로 보내 주기 위해서 계속 숨을 쉬어요. 그런데 지하철이나 버스처럼 문이 닫힌 곳에 여러 사람이 모여 있으면 신선한 공기는 금방 줄어들지요. 그러면 우리 몸에 산소가 부족해지므로 뇌에서는 바로 **산소를 공급하라는 신호를 보내요.**

하품도 전염되나요?
여러 사람이 모여 있을 때 한 사람이 하품을 하면 다른 사람도 하품을 따라 하는 경우가 있어요. 하품이 전염된 걸까요? 아니에요. 하품은 전염되지 않아요. 다른 사람도 똑같이 산소가 부족하기 때문에 저절로 하품을 하는 것뿐이에요.

우리 몸이 뇌의 신호에 따라 하는 행동이 바로 하품이에요. 하품은 피곤하거나 졸릴 때, 지루할 때도 나오는데 하품을 함으로써 산소를 허파에 깊숙이 보낼 수 있어요. 그렇게 신선한 공기가 들어오면 우리 몸은 다시 활력을 되찾게 된답니다.

손톱은 왜 필요할까요?

손톱과 발톱은 피부가 딱딱하게 변한 거예요. 아주 강해서 쉽게 부러지지 않지요.

손톱은 손가락 끝의 피부가 다치지 않도록 보호해 주고, 물건을 꽉 쥘 수 있도록 도와줘요. 발톱은 발가락 끝을 보호할 뿐만 아니라 오래 걸을 수 있도록 돕는답니다.

손톱과 발톱은 평생 자라요. 손톱은 하루에 약 0.1밀리미터, 발톱은 하루에 약 0.05밀리미터 자라요. 빠진 손톱이 완전히

손톱과 발톱은 뿌리 부분만 살아 있고 이미 나와 있는 부분은 죽은 부분이에요. 그래서 손톱깎이로 깎아도 아프지 않답니다.

다시 자라려면 6개월이나 걸린답니다.

　손톱과 발톱은 어른이 되면 어릴 때보다 더 빨리 자라다가 노인이 되면 다시 천천히 자라요. 재밌는 사실 하나! 손을 많이 쓰는 사람은 손톱이 더 빨리 자란답니다.

발은 왜 저릴까요?

무릎을 꿇고 오래 앉아 있으면 발이 점점 저려 오지요. 그것은 무릎 아래로 통하는 혈관이 눌리는 바람에 혈액 순환이 어려워졌기 때문이에요.

우리 몸은 계속 산소가 필요해요. 그런데 혈관이 눌려서 피가 제대로 흐르지 못하면 근육에 산소가 모자라게 되지요. 그러면 신경들이 저린

느낌을 뇌에 보내 산소가 필요하다고 알려 준답니다.

심장은 왜 뛸까요?

　심장은 우리 몸 구석구석에 깨끗한 피를 보내 영양소와 산소를 공급해 주어요. 심장이 쿵쿵 뛰는 것은 피를 보내기 위해 열심히 수축하기 때문이에요.

　심장은 건강한 어른의 경우 1분에 70번 정도 뛰어요. 어린이는 1분에 80~90번으로 어른보다 좀 더 빨리 뛴답니다.

　참, 달리기를 하면 심장이 쿵쿵 빨리 뛰지요? 그것은 운동을 하면 근육에 에너지가 더 필요하게 되는데,

그것을 알아챈 심장이 근육에 피를 빨리 보내기 위해서 부지런히 움직이기 때문에 그런 거랍니다.

빨리 뛰면 왜 숨이 찰까요?

빨리 뛰면 우리 몸에서는 이산화탄소가 많이 만들어지고, 산소는 부족하게 돼요. 그러면 우리 몸은 이산화탄소를 빨리 밖으로 내보내고, 산소를 많이 공급받기 위해서 숨을 빨리 쉬게 돼요.

산소는 피를 통해서 근육으로 공급되기 때문에,

헉헉!

심장은 평소보다 더 빨리 뛰어 재빨리 피를 근육에 내보내요. 이렇게 심장이 피를 내보내느라 다른 때보다 더 빨리 뛰어 숨이 찬 거예요.

음식은 왜 먹나요?

자동차나 비행기는 기름을 넣어 주어야 움직이지요? 사람은 먹지 않으면 살아 움직일 수 없어요. 음식으로 에너지를 공급해 주어야 힘이 나서 잘 움직일 수 있어요. 또 영양소를 골고루 섭취해야 잘 자라고 건강해져요.

그럼 우리가 먹은 음식은 어떻게 소화될까요? 음식이 입에 들어오면 제일 먼저 이와 침이 음식을 잘게 부숴요. 이것을 꿀꺽 삼키면 위로 들어가요. 위는 음식물과 소화 효소를 잘 섞어서 죽처럼 걸쭉하게 만든 뒤 작은창자로 보내요. 작은창자는 음식물 속의 영양소를 흡수해서 우리 몸 구석구석으로 보내고, 남은 찌꺼기는 큰창자로 보내요. 큰창자는 찌꺼기에서 물기만 빨아들이고 남은 찌꺼기를 직장으로 보내요. 직장은 모인 찌꺼기를 항문을 통해 우리 몸 밖으로 밀어내요. 이것이 바로 똥이에요.

배는 왜 고파질까요?

배가 고프다고 느끼는 것은 뇌가 우리 몸에 음식이 필요하다는 신호를 보내기 때문이에요.

뇌에는 배가 부르거나 배가 고픈 것을 알아차리고 신호를 보내는 부분이 있답니다.

우리가 어느 정도 음식을 먹으면 뇌에 있는 만

복 중추가 '이제 배가 불러.'라는 신호를 보내서 음식을 그만 먹게 해요. 반대로 아무것도 먹지 않으면 뇌의 공복 중추가 '배가 고프다.'고 느끼게 해서 밥을 먹게 한답니다.

참, 음식을 빨리 먹으면 살이 찌기 쉽다고 하지요? 그것은 뇌가 배부른 것을 느끼려면 30분 정도 걸리는데, 음식을 빨리 먹으면 뇌가 배부름을 느끼기 전이라 음식을 많이 먹게 돼요. 아무래도 많이 먹으면 살이 찌겠지요?

배에서 왜 꼬르륵 소리가 나요?

여러 사람이 모여 있을 때 배에서 꼬르륵~ 소리가 크게 나서 민망했던 적이 있지요? 괜찮아요. 절대로 부끄러운 일이 아니에요. 그건 위가 건강하기 때문에 나는 소리예요.

우리가 음식을 먹지 않았을 때 위 속은 비어 있지만 공기는 차 있어요. 건강한 위는 공기만 있어도 열심히 활동을 한답니다. 꼬르륵~ 소리는 위 속의 공기가 작은창자로 내려가면서 나는 소리예요.

또 우리가 음식을 먹으면 위는 음식물을 죽처럼 만든 다음에 작은창자로 보내요. 그때 음식물만 내려가는 것이 아니라 물이나 공기도 함께 작은창자로 내려가요. 작은창자는 음식물이 잘 내려갈 수 있도록 규칙적으로 운동을 해요. 이때 음식물과 물, 공기가 서로 뒤섞이면서 꼬르륵~ 소리가 난답니다.

왜 토할까요?

위에는 문이 두 개 있어요. 위와 식도가 연결되는 부분에는 '들문'이 있고, 위의 아래쪽에는 위에서 소화된 음식물을 작은창자로 조금씩 보내는 '날문'이 있어요.

평소에는 들문이 닫혀 있어서 음식물이 거꾸로 올라가지 못하도록 막아 줘요. 하지만 음식을 너무 많이 먹거나, 몸에 해로운 음식을 먹으면, 우리 몸은 그것을 몸 밖으로 내보내려고 해요.

그러면 위가 수축하면서 위 속의 해로운 음식을 위 입구 쪽으로 올려 보낸답니다. 그럼 들문이 열리고 날문이 닫히면서 음식을 입으로 토하게 돼요.

트림은 왜 나오나요?

우리는 음식을 먹을 때 음식만 삼키는 것이 아니라 공기도 함께 삼키고 있어요. 그런데 공기를 너무 많이 삼키거나, 콜라나 사이다와 같은 탄산음료를 마시면 위가 부풀어 오르게 돼요.

트림에 대한 문화 차이
우리나라에서는 다른 사람 앞에서 트림을 하면 무례한 행동이라고 생각하지만, 이슬람권 나라에서는 초대를 받아 식사를 한 후 트림을 하면 아주 잘 먹었다는 인사로 받아들인답니다.

부풀어 오른 공기는 위의 윗부분에 모여 있다가 위와 입을 연결하는 식도를 따라 올라와 입으로 나와요. 바로 트림이에요.

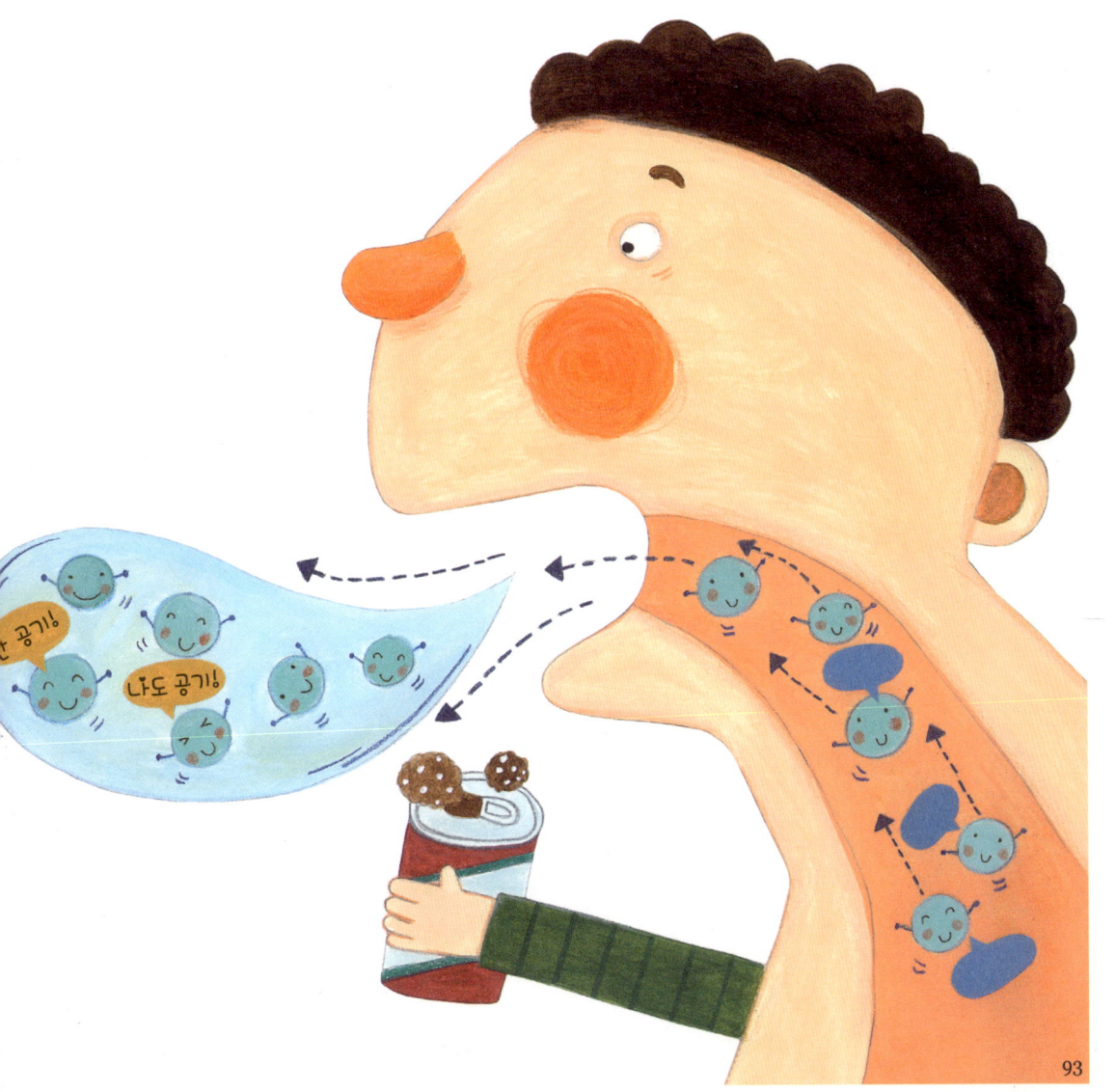

숨을 쉬지 않고 얼마나 살 수 있을까요?

우리가 숨을 쉬는 이유는 깨끗한 산소를 들이마시고 이산화탄소를 몸 밖으로 내보내기 위해서예요. 우리 몸의 세포들은 산소가 없으면 죽기 때문에 계속 숨을 쉬어서 산소를 보내 줘야 한답니다.

그럼 우리가 숨을 쉬지 않고 견딜 수 있는 것은 어느 정도일까요? 놀라지 마세요. 겨우 3분이에요.

아무리 잠수를 잘하는 사람이라도 3분 이상 숨을 참고 있기 어렵답니다.

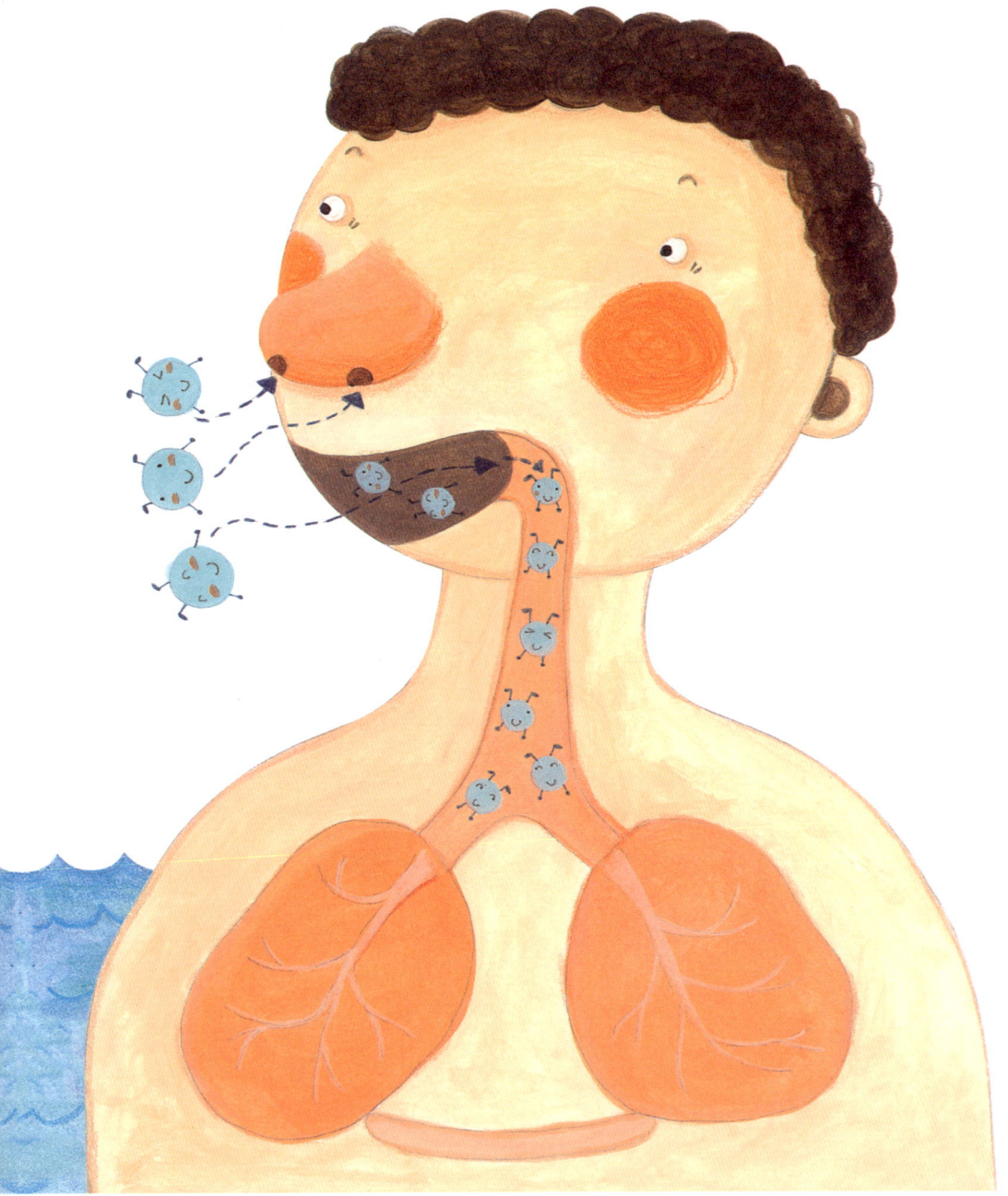

딸꾹질은 왜 하나요?

허파 아래에는 **횡격막**이라는 근육이 있어요. 횡격막은 우리가 숨을 들이마실 때 아래로 내려가요. 그러면 허파는 공기로 가득 차서 부풀어 오르게 돼요. 반대로 숨을 내쉴 때는 횡격막이 올라가고, 허파는 안에 있던 공기를 내보내면서 원래 크기로 되돌아간답니다.

딸꾹질은 음식을 너무 빨리 먹거나, 웃음을 멈추지 못할 때 하게 돼요. 허파에 공기가 너무 많이 들어오면 **횡격막이 경련을**

딸꾹

딸꾹질을 멈추게 하려면?
물을 마시거나, 심호흡을 하면 도움이 돼요. 또 깜짝 놀라게 하면 호흡 기관의 근육이 놀라서 횡격막이 다시 정상적으로 움직여 딸꾹질이 멈춰요.

일으키기 때문이에요. 횡격막이 경련을 일으키면 제멋대로 허파에 바람을 넣었다 뺐다 하여 공기가 갑자기 목으로 올라와 성대를 떨게 해요. 그러면 '딸꾹' 하는 소리가 나게 된답니다.

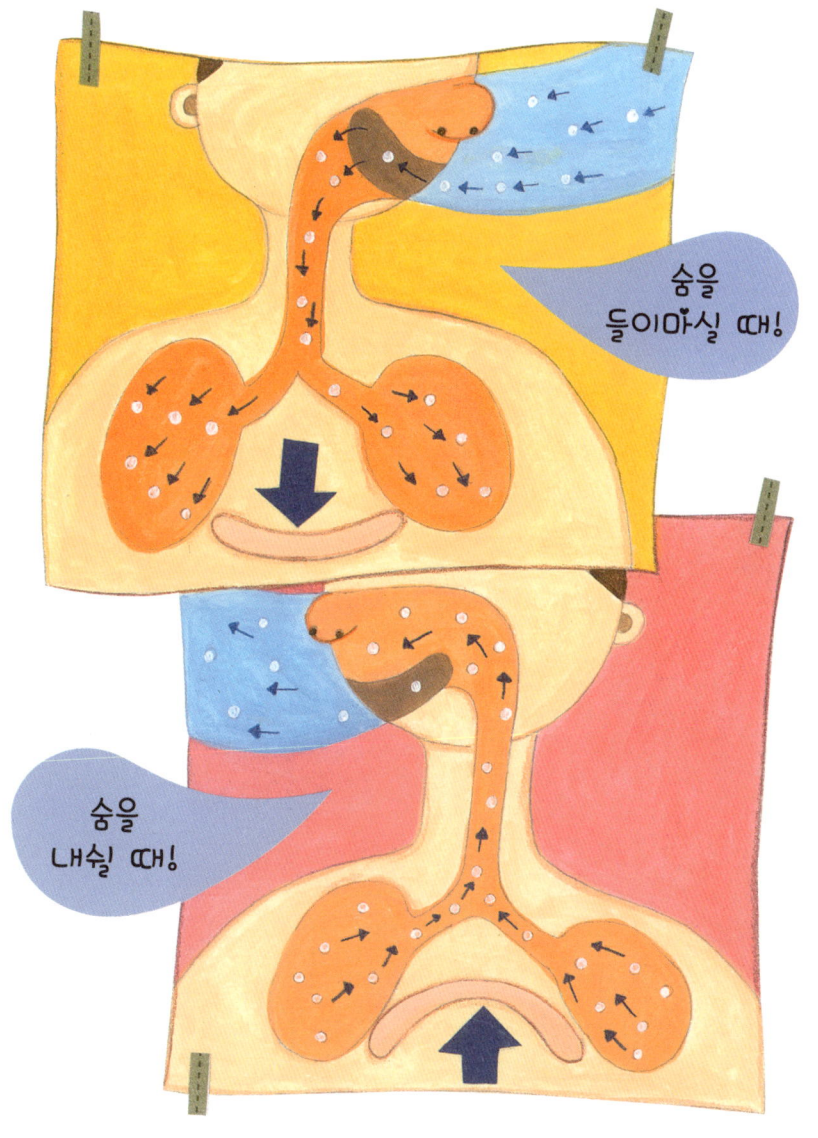

오줌과 똥은 어떻게 만들어지나요?

척추 양쪽에는 콩처럼 생긴 콩팥이 두 개 있어요. 이곳에서 핏속에 들어 있는 필요 없는 물질을 걸러내요. 걸러내고 **남은 찌꺼기는 방광에 모이는데, 방광에 모인 이것을 오줌**이라고 해요. 오줌은 요도를 통해 몸 밖으로 나와요.

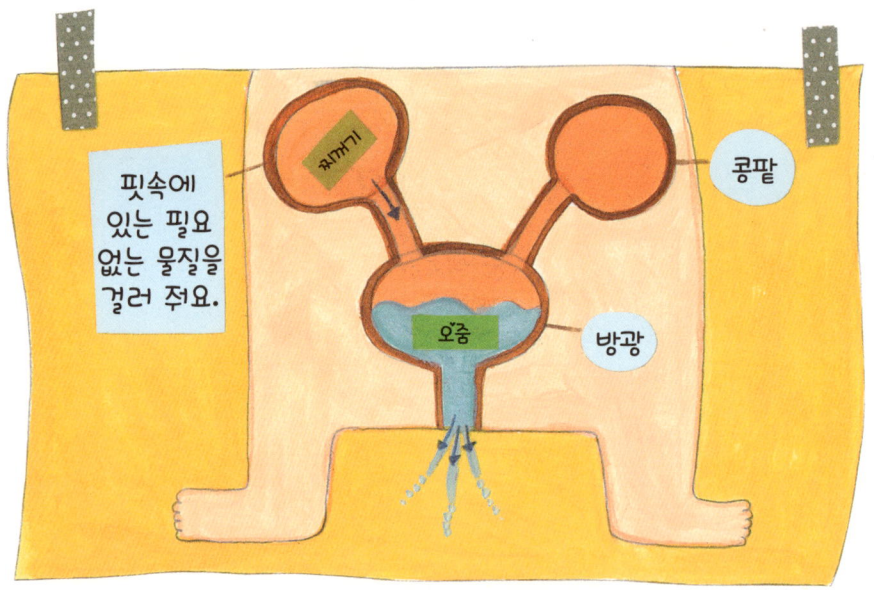

그럼 똥은 어떻게 만들어질까요? 우리가 음식을 먹으면 위는 음식을 죽처럼 만들어 작은창자로 보내요. 작은창자는 필요한 영양소를 흡수하고 남은 찌꺼기는 큰창자로 보내지요. 큰창자는 찌꺼기 속에서 수분만 흡수하고 남은 찌꺼기(똥)를 직장으로 보내요. 똥은 직장에 쌓여 있다가 항문을 통해 밖으로 나온답니다.

오줌을 누고 나면 왜 몸이 떨릴까요?

방광에 오줌이 차면 방광은 뇌에 신호를 보내서 오줌이 마렵다는 생각을 하게 해요. 그러면 우리가 오줌을 누게 되는 거예요.

오줌을 눌 때는 우리 몸의 따뜻한 기운도 오줌과 함께 몸 밖으로 빠져나와요. 그럼 순간적으로 몸의 온도가 떨어지기 때문에 우리 몸은 **빠져나간 체온을 다시 보충하려고** 애쓰게 돼요. 그래서 오

오줌과 함께 따뜻한 기운도 빠져나와요.

열

따스함.

줌을 누고 나면 몸을 떠는 거예요. 근육을 움직이면 열이 나기 때문이지요.

방귀는 왜 나오나요?

우리는 음식을 먹으면서 공기도 함께 삼켜요. 그런데 공기를 너무 많이 삼키면 **가스가 음식 찌꺼기와 함께 큰창자로 가서 쌓이게 된답니다.** 또 큰창자에 사는 세균과 미생물들이 음식 찌꺼기를 분해할 때에도 가스가 발생해요.

방귀는 이런 가스들이 항문을 통해 빠져나오는 자연스러운 현상이에요.

사람들은 자기도 모르는 사이에 하루에 3~15번 방귀를 뀌어요.

윽, 냄새!

특히 고구마나 보리밥처럼 섬유소가 많은 음식을 먹으면 방귀를 더 많이 뀌게 되지요. 방귀를 뀔 때 '뽀오옹~' 소리가 나는 것은 가스가 나올 때 항문 주변의 살이 떨리기 때문이랍니다.

방귀에서는 왜 나쁜 냄새가 날까요?

방귀 속에 음식을 먹을 때 삼킨 공기가 음식을 분해할 때 생긴 가스보다 많으면 소리만 크고 냄새는 그리 지독하지 않아요. 하지만 음식을 분해할

어머나, 방귀가 자꾸 나오네~.

뿌~웅~

소리는 크지만 냄새는 안 나~.

때 생긴 가스가 그냥 삼킨 공기보다 많을 때는 소리는 작아도 냄새는 아주 지독하답니다.

또 무엇을 먹었느냐에 따라 방귀 냄새가 달라져요. 방귀는 탄수화물이 많은 밥을 먹었을 때보다 고기처럼 단백질이 많은 음식을 먹었을 때 더 지독한 냄새가 난답니다.

얼굴은 왜 빨개지거나 하얘질까요?

부끄럽거나 심한 운동을 하면 얼굴이 빨개지지요? 모세 혈관이라는 실핏줄에 피가 많이 몰리기 때문이에요. 피가 몰려들면 가는 실핏줄들이 부풀어요. 얼굴 피부는 얇기 때문에 부푼 실핏줄이 드러나 빨갛게 보이게 돼요.

그럼 깜짝 놀라거나 무서울 때는 왜 얼굴이 하얘질까요? 그건 핏줄이 수축하기 때문이에요. 깜짝 놀라 심장이 빨리 뛰면 핏줄이 좁아지면서 피의 양이 적어져요. 그러면 얼굴이 하얗게 보여요.

혈액형을 바꿀 수도 있나요?

혈액형은 A형, B형, O형, AB형으로 나뉘는데, 태어날 때 이미 정해져 있어요. 하지만 **골수 이식을 통해서 혈액형을 바꿀 수도 있어요.**

피는 뼛속의 골수에서 만들어져요. 그런데 골수가 제 역할을 못하면, 다른 사람의 골수를 이식받아야 해요. 골수는 혈액형이 달라도 조직형이 같으면 받을 수 있거든요.

받은 골수가 몸에 들어가서 정상적으로 피를 만들기 시작하면 골수를 받은 사람의 혈액형은 골수를 준 사람의 혈액형으로 바뀌게 된답니다.

3장 신기한 우리 몸

위용위용~

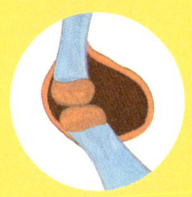   

- 피부색은 왜 인종마다 다른가요?
- 아기는 어떻게 엄마 배 속에서 숨을 쉴까요?
- 목욕을 오래 하면 왜 피부가 쪼글쪼글해질까요?
- 사람은 먹지 않고 얼마나 살 수 있을까요?

진짜 놀랍고도 신기한 우리 몸!

상처가 났을 때 피는 어떻게 멈추나요?

칼에 베이거나 넘어지면 피가 나요. 그런데 얼마 지나면 신기하게도 피가 더 이상 나지 않아요. 어떻게 된 일일까요?

우리 몸에 상처가 나면 그곳으로 피가 흘러나와요. 그러면 피를 이루고 있는 혈소판이 피가 나는 곳으로 몰려들어 엉겨 붙어서 피를 굳게 만들어요. 굳은 핏덩어리는 상처 난 곳을 꽉 막아 더 이상 피가 나지 않게 해요. 또 세균이

상처 속으로 들어가지 못하게 해요. 핏덩어리는 점점 굳어 딱딱한 딱지가 된답니다.

피부는 상처가 난 곳을 치료하려고 새로운 세포를 많이 만들어 내요. 그래서 얼마 후면 새살이 솔솔 돋아나요. 그러면 딱지는 저절로 떨어진답니다.

부러진 뼈는 어떻게 다시 붙을까요?

뼈는 우리 몸을 지탱해 주는 중요한 역할을 해요. 우리 몸에 뼈가 없다면 온몸이 흐물흐물해 단 1초도 서 있지 못할 거예요.

팔뼈나 다리뼈는 다른 뼈보다 길고 약해서 잘 부러지지만 시간이 지나면 저절로 다시 붙어요.

뼈가 부러지면 그곳에 **가골이라는 끈끈한 물질이 만들어져요. 가골은 부러진 뼈의 빈 곳을 메운 후 조금씩 단단하게 굳으면서 부러**

멸치에는 뼈를 튼튼하게 하는 칼슘이 많아.

뼈를 튼튼하게 하는 음식
뼈를 튼튼하게 하려면 칼슘이 풍부한 음식을 많이 먹어야 해요. 칼슘은 우유나 치즈, 멸치 등에 많아요. 그런데 칼슘이 잘 흡수되게 하려면 비타민 D가 필요해요. 비타민 D는 햇볕을 쬐면 저절로 생긴답니다.

진 뼈를 붙여 준답니다.

뼈를 잘 붙이려면 먼저 부러진 뼈를 정확하게 맞추고, 때로는 움직이지 않도록 깁스를 해야 해요.

끈끈한 물질이 뼈의 빈 곳을 메운 후 굳으면서 부러진 뼈를 붙여 준답니다.

엑스-레이 사진

키는 몇 살까지 커요?

갓난아이의 몸에는 뼈가 300개 정도 있어요. 그런데 어른이 되면 206개로 줄어든답니다. 아기 때의 작고 물렁했던 뼈들이 자라면서 서로 착 붙어서 딱딱하고 큰 뼈가 되기 때문이에요.

키가 가장 많이 크는 때는 태어나서 첫돌이 될 때까지예요. 그때는 1년에 25센티미터나 자란답니다.

하지만 뼈는 한없이 자라지 않아요. 사람의 뼈는 성장 호르몬의 분비가 적어지고, 뼈 끝에 있는 성장판이 닫히면 더 이상 자라지 않아요.

쑥쑥, 키가 크고 싶다면 어떻게 해야 할까요?
성장 호르몬은 잠잘 때와 운동할 때 가장 많이 나와요. 또 밤 10시부터 새벽 2시 사이에 가장 많이 나와요. 키가 크고 싶다면 일찍 자야겠지요?

남자는 25~28세, 여자는 23~24세 정도가 되면 성장을 멈춰요. 그러니까 그 안에 쑥쑥 자라도록 음식도 골고루 먹고 운동도 열심히 해야 한답니다.

우리 몸은 어떻게 움직이나요?

우리가 몸을 움직일 수 있는 것은 우리 몸을 둘러싸고 있는 근육 덕분이에요. 얼굴을 찡그리거나, 웃거나, 눈을 깜빡이는 것은 다 근육 덕분이랍니다.

근육은 두 종류가 있어요. 하나는 뼈에 붙어 있는 근육이에요. 뇌가 이 근육에 명령을

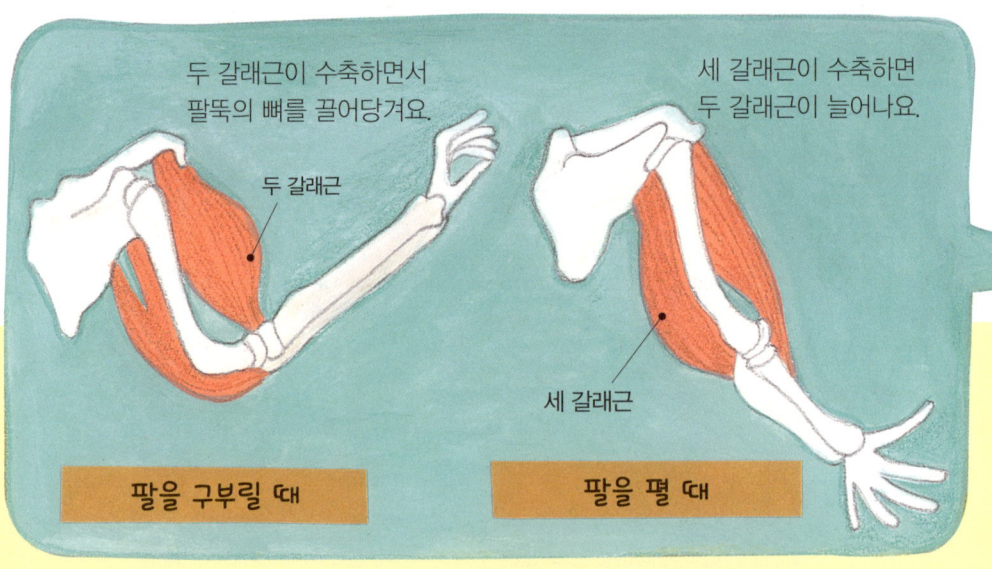

두 갈래근이 수축하면서 팔뚝의 뼈를 끌어당겨요.

두 갈래근

세 갈래근이 수축하면 두 갈래근이 늘어나요.

세 갈래근

팔을 구부릴 때   팔을 펼 때

내리면 근육이 늘어나거나, 오그라들면서 뼈를 잡아당기거나 다시 놓아주어서 몸을 움직이게 해요. 또 다른 근육은 위나 창자와 같은 기관이에요. 이 근육들은 뼈에 붙어 있지 않고, 우리가 원하는 대로 마음대로 움직일 수도 없어요.

랄랄라~, 근육 덕분에 자유롭게 움직일 수 있어~.

웃으면 왜 몸에 좋아요?

웃을 때는 얼굴 근육은 물론 목 근육, 호흡기와 배 근육까지 30여 가지의 근육이 움직여요.

15초 동안 실컷 웃으면 3분 동안 달리기를 한 것과 같은 효과를 얻을 수 있어요. 또 혈액 순환도 잘되고, 질병에 대한 면역력도 높아져 건강해질 뿐만 아니라 스트레스를 이겨 내는 힘도 생긴답니다.

15초 동안 웃으면 3분 동안 달리기를 한 것과 같은 효과!

너무 오래 웃으면 배가 아프다고요? 평소에 잘 쓰지 않는 복근이 움직이면서 장을 자극하기 때문이에요. 장이 운동을 많이 해서 아픈 것이니 걱정하지 말고 실컷 웃으세요. 웃으면 행복해진답니다.

쥐는 왜 날까요?

근육은 오그라들었다가 늘어나는 활동을 통해서 뼈를 움직이게 해요. 그런데 **수축했던 근육이 풀어지지 않으면 근육이 딱딱하게 굳어지면서 아파요. 이것이 바로 쥐예요.**

설사를 하거나 땀을 많이 흘려 몸에 수분이 부족할 때, 과로했을 때, 운동 전 준비 운동을 제대로

하지 않았을 때, 또 무리하게 근육을 움직여서 젖산이라는 노폐물이 많이 쌓였을 때 쥐가 나기 쉽답니다. 쥐는 주로 장딴지에 많이 나요. 장딴지에 쥐가 났을 때는 무릎을 쭉 펴고 발을 발등 쪽으로 세게 꺾어 주세요. 수축한 근육을 쫙 펴서 반대 근육과 균형을 되찾게 해야 쥐가 풀어지거든요.

쥐가 났을 때 수건으로 감싸서 근육을 따뜻하게 하거나 마사지를 하면 도움이 된답니다.

피부색은 왜 인종마다 다른가요?

피부에는 멜라닌이라는 갈색 색소가 있어요. **멜라닌이 많을수록 피부색은 검어지고, 멜라닌이 적을수록 피부색은 하얘진답니다.**

피부색은 사는 곳의 자연 환경과 밀접한 관계가 있어요. 더운 나라에 사는 사람들이 추운 나라에 사는 사람들보다 피부가 검어요. 그것은 강한 햇빛을 쬐면 햇빛 속의 자외선이 멜라닌 세포를 자극하기 때문에 그렇답니다. 자극을 받은 멜라닌 세포는 더욱더 활발히 멜라닌 색소를 만들어 내

피부가 하얘요.

고, 자외선이 피부 깊숙이 들어오지 못하게 막으려고 점점 피부 바깥으로 올라와요. 그래서 피부가 검게 되는 것이랍니다.

왜 햇볕에 피부가 탈까요?

한여름에 뜨거운 햇빛을 오래 쬐면 피부가 빨갛게 변해요. 햇빛 속에는 자외선이라는 광선이 있는데, 바로 그 자외선에 피부가 데어서 그래요.

강한 햇빛을 오래 쬐면 우리 몸은 **자외선을 흡수하고 피부를 보호하기 위해서 멜라닌이라는 갈색 색소를 많이 만들어 내요.** 그래서 피부가 갈색으로 변해요.

햇빛에 탔을 때 피부가 가려운 것은 자외선에 데어 염증이 생겼기 때문이에요. 심하면 물집도 생긴답니다.

피부는 구름이 낀 흐린 날에도 타요. 자외선은 구름을 뚫고 내려오거든요. 또 추운 겨울에도 밖에서 오래 놀면 피부가 좀 검게 변해요. 우리 피부는 눈이나 물에 반사된 햇빛에도 타기 때문이에요.

지문은 왜 있나요?

손가락 끝에는 여러 가지 모양으로 파인 홈이 있어요. 바로 지문이에요. 지문은 엄마 배 속에 있을 때 생기는데, 피부 표면의 땀구멍이 이어져 만들어진 거예요.

지문의 모양은 사람마다 달라요. 지문은 **물건이 손에서 미끄러지지 않도록 도와줘요. 촉감을 느낄 수 있는 것도 지문 덕분이지요.**

발바닥의 지문도 발이 미끄러지지 않게 하려고 있는 거예요.

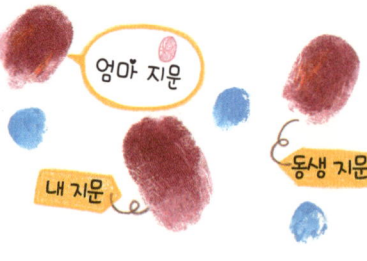

지문은 고릴라나, 침팬지처럼 손으로 물건을 잡을 수 있는 동물한테도 있어요.

땀은 왜 흘릴까요?

운동을 열심히 하면 우리 몸이 더워지면서 땀이 나요. 아주 무더운 여름날엔 가만히 있어도 땀이 저절로 줄줄 흐르지요. 몸의 온도가 올라가면 우리는 땀을 흘리게 돼 있어요. 땀은 피부 깊숙한 곳에 있는 땀샘에서 만들어져요.

땀구멍으로 흘러나온 땀이 마를 때는 몸의 열도 함께 빠져나가 몸이 식게 돼요. 이렇게 우리 몸은 항상 일정한 온도를 유지하려고 스스로 노

땀은 99퍼센트가 물이에요. 그래서 땀을 너무 많이 흘리면 물을 많이 마셔야 해요. 땀을 흘릴 때 우리 몸속의 찌꺼기도 함께 나오기 때문에 적당히 땀을 흘리면 건강에 좋답니다.

력한답니다.

　참, 우리 몸에서 땀이 가장 많이 나는 곳은 이마예요. 이마에 땀샘이 가장 많기 때문이랍니다.

때는 왜 생길까요?

피부는 계속 새로운 세포를 만들어 내면서 늙은 피부를 밖으로 밀어 올려요. 늙은 피부 세포가 더 이상 영양과 산소를 공급받지 못하면 죽어 각질층으로 변해요.

피부 가장 바깥층이 바로 죽은 세포로 덮여 있는 각질층이랍니다. 우리가 목욕할 때 나오는 때가 바로 죽은 세포들이에요.

각질층은 죽은 세포이지만 우리 몸에 꼭 필요해요. 해로운 병균이 피부로 들어오지 못하게 막고, 몸의 수분이 빠져나가지 못하게 막아 주거든요.

멍은 왜 생길까요?

피부 바로 밑에는 가느다란 모세 혈관들이 퍼져 있어요. 우리가 어디에 세게 부딪히면 피부 밑의 모세 혈관이 터져 피가 빠져나오게 돼요. 피는 피부 밑에 퍼져 있게 되는데, 이것이 바로 멍이에요. 그런데 멍은 왜 빨갛지 않고 파랄까요?

핏속의 적혈구에는 헤모글로빈이라는 붉은 색소가 있어요. 헤모글로빈이 산소와 만나면 붉은색을 띠지만, 산소를 잃어버리면 검붉은색을 띠어요. 모

세 혈관이 터져서 흘러나온 피는 더 이상 산소를 공급받을 수 없기 때문에 색이 검붉어요. 그것이 피부를 통해서 보이다 보니 파랗게 보이는 것이랍니다.

늙으면 왜 주름살이 생길까요?

피부에는 탄성 섬유가 있어요. 젊을 때는 탄성 섬유의 탄력이 좋기 때문에 피부가 탱탱하고 부드러워요.

하지만 **나이가 들면 단백질과 수분이 빠져나가 탄성 섬유의 탄성이 줄어들어요.** 그러면 피부가 거칠어지고 탄력이 없어져 주름살이 생기게 돼요. 또 우리는 지구의 중심에서 잡아당기는 중력을 받기 때문에 살이 아래로 처지기도 한답니다. 게다가 얼굴은 수십 년 동안 울거나 웃거나 찡그리는 등 여러 가지 표정을 반복해요. 그러다 보면 자기도 모르게 눈가나 입가, 이마에 주름살이 생긴답니다.

목욕을 오래 하면 왜 피부가 쪼글쪼글해질까요?

물속에 오래 있으면 피부 가장 바깥에 있는 각질층으로 물이 조금씩 스며들어 부피가 늘어나요. 하지만 물 밖으로 나가면 이 물이 다시 몸 밖으로 빠져나가기 때문에 물에 불어서 늘어났던 피부가 쪼글쪼글해져요.

손가락이나 발가락은 다른 곳보다 각질층이 두꺼워서 물을 더 많이 흡수하기 때문에 유난히 더 쪼글쪼글해지지요.

강이나 바다에서 수영할 때보다 목욕할 때

피부가 더 쪼글쪼글해지는 것은 뜨거운 물일수록
피부가 더 빨리 붇기 때문에 그렇답니다.

소름은 왜 돋을까요?

우리 몸은 언제나 일정한 온도를 유지하려고 노력해요. 추우면 소름이 돋는 것은 우리 몸의 열을 더 이상 빼앗기지 않기 위해서예요.

추우면 털뿌리에 있는 근육이 오그라들면서 털뿌리를 잡아당겨요. 그러면 털뿌리가 일어서면서 옆의 살갗이 작은 알갱이처럼 볼록 솟아올라요. 바로 소름이에요. 털이 세워지면 털과 털 사이에 따뜻한 공기층이 만들어져서 보온 효과가 있거든요.

여름에는 털을 납작 엎드리게

해요. 따뜻한 공기가 털에 붙어 있지 않아야 몸이 시원하기 때문이에요.

추워서 소름이 돋았어!

쯧쯧! 늦가을에 여름 옷을 입다니!

점과 주근깨는 왜 생길까요?

점은 피부에 있는 **멜라닌 색소 세포가 너무 많이 만들어져서 생긴 거예요.** 검은 점은 피부 표면에 있지만, 갈색이나 푸른색 점은 피부 깊숙한 곳에 있어요.

주근깨도 점의 한 종류예요. 이것도 멜라닌 색소가 한곳에 많이 쌓여서 생긴 거예요. 주근깨는 주로 햇빛에 드러나는 부위에 많이 생기지만, 점은 온몸 어디에나 생겨요.

주근깨나 점은 햇빛을 많이 쪼일수록 더 검어지고 많아져요. 햇빛을 조심하고 신선한 과일을 많이 먹으면 주근깨나 점이 생기는 것을 조금은 막을 수 있어요. 하지만 멜라닌 세포는 유전되기 때문에 부모에게 주근깨가 많으면 자녀도 그럴 가능성이 높답니다.

점과 주근깨를 많이 만들자~.

점

멜라닌 색소 세포

점은 멜라닌 색소 세포가 너무 많이 만들어져서 생긴 거예요.

모기에 물리면 왜 가려운가요?

무는 모기는 모두 암컷이에요. 품고 있는 알을 키우기 위해서 암컷들이 사람이나 동물의 피를 빨아 먹거든요. 모기가 피를 빨아 먹을 때 모기의 침이 우리 몸으로 들어가요. 모기의 침에는 피를 굳지 않게 하는 성분이 있어서 피가 모기의 위에 도착할 때까지 굳지 않게 해 주거든요.

그런데 우리 몸에 모기 침 같은 이물질이 들어오면 '히스타민'이라는 물질이 나와 핏속

모기는 체온이 높거나 피부가 습한 사람을 좋아해요. 그래서 아기들이 모기한테 잘 물리는 거예요. 또 모기는 땀 냄새를 맡고 쫓아오기도 해요. 모기한테 물리지 않으려면 깨끗이 씻어야겠지요?

의 백혈구를 불러 내요. 그러면 피부가 가렵고 붓게 되는 거예요. 물린 곳을 긁다 보면 주변에 있는 피부에서도 히스타민이 새어 나오기 때문에 피부는 점점 더 많이 붓고 가려워진답니다.

여자는 왜 수염이 나지 않을까요?

여자도 수염이 난답니다. 여자는 수염이 잘 자라지 않을 뿐이지, 아예 안 나는 것은 아니에요. 게다가 여자의 수염은 솜털같이 가늘고 짧아서 눈에 잘 띄지 않을 뿐이지요.

수염이 자라는 것은 호르몬과 관계가 있어요. 남

성 호르몬은 수염과 털을 잘 자라게 하지만 머리카락은 잘 자라지 않게 해요. 반대로 여성 호르몬은 머리카락은 잘 자라게 하지만 다른 털은 잘 자라지 못하게 한답니다.

수염은 아침 8시에서 10시 사이에 가장 많이 자라고, 겨울보다 여름에 더 잘 자라요.

아기는 어떻게 엄마 배 속에서 숨을 쉴까요?

아기가 엄마 배 속에 있을 때는 '양수'라는 미지근한 액체 속에 있어요. 이때 아기는 스스로 먹을 수도 없고 코로 숨을 쉴 수도 없어요. 대신 탯줄이라는 관으로 영양분과 산소를 공급받아요. 그래서 탯줄을 태아의 생명 줄이라고도 해요.

탯줄의 한쪽은 아기의 배꼽에 연결되어 있고, 다른 한쪽은 태반에 연결되어 있어요.

옹알옹알!

엄마의 피가 태반을 통해 아기에게 필요한 것들을 공급해 주고, 반대로 아기가 내보내는 찌꺼기나 이산화탄소는 탯줄을 통해 엄마의 피로 간답니다.

배꼽은 왜 있을까요?

　배꼽은 탯줄이 있던 자국이에요. 탯줄은 아기가 엄마 배 속에 있을 때 영양분과 산소를 공급받던 긴 관이에요.

　아기가 태어나면 허파로 숨을 쉬게 되므로 더 이상 탯줄이 필요 없어요. 그래서 탯줄을 조금만 남기고 잘라 버려요. 열흘 정도 지나면 남아 있던 탯

아기는 엄마 배 속에서 탯줄로 영양분과 산소를 공급받아.

태어나면

줄이 마저 떨어지면서 배꼽이 닫히게 된답니다.

배꼽 부분은 보통 배보다 쏙 들어가지만, 간혹 볼록 튀어나오기도 한답니다.

자기 자신을 간질이면 왜 간지럽지 않을까요?

우리 몸에는 다른 곳보다 특히 간지럼을 더 잘 타는 곳이 있어요. 겨드랑이나 허리, 갈비뼈, 발바닥, 손바닥 같은 곳이지요. 이런 곳은 우리 몸 중에서도 특히 약한 곳이기 때문에 외부의 자극을 받으면 간지럼을 타게 해서 몸을 빼내어 보호하려고 한답니다.

한마디로 간지럼을 타는 것은 본능적인 방어 행동이지요. 심지어 다른 사람이 간지럼을 태우는 시늉만 해도 간지럼을 탄답니다.

그런데 자기가 자신을 간질이면, 언제 어디를 간질일 것인지 우리 뇌가 미리 알아차리기 때

문에 간지럽지 않아요. 반대로 눈을 가리고 간질이면 더 많이 간지러워요. 온몸이 그곳에 신경을 집중하여 더 민감하게 반응하기 때문이랍니다.

아프면 왜 열이 날까요?

건강한 사람의 체온은 항상 약 36.5도예요.

그런데 몸에 세균이 침입하면 우리 몸은 **몸의 온도를 올려서 세균과 싸운답니다.** 대부분의 세균은 우리 몸의 정상 체온보다 높은 온도에서는 살 수 없거든요. 그래서 **아프면 열이 나는 거예요.** 또 우리 몸에 세균이 침입하면 핏속의 백혈구가 세균과 맞서 싸우는데, 이때 열이 나면 세균이 약해지기 때문에 백혈구가 싸우기 훨씬 좋답니다.

열이 펄펄 나고 아프다가도 병이 나을 때는 땀이 나요. 세균을 모두 죽인 다음에는 높이 올라간 체온을 평소대로 되돌려 놓아야 하기 때문이에요. 땀이 마르면서 몸의 열도 함께 빠져나가 몸이 식거든요.

밥을 먹으면 왜 졸릴까요?

우리가 음식을 먹으면 위는 음식을 소화시키기 위해서 꿈틀거리며 활발하게 움직여요. 또 위액과 잘 섞은 음식물을 조금씩 작은창자로 보내요.

위가 활발하게 일을 하려면 많은 산소와 영양분이 필요하기 때문에 많은 피가 위로 몰려들어 산소와 영양분을 전달해 주어요. 대신 뇌를 비롯한 다른 곳으로 가는 피는 모자라게 되지요. 이처럼 뇌로 피가 덜 가게 되면 산소와 영양분의 부족으로 뇌의 활동이 둔해져 졸리게 된답니다.

사람은 먹지 않고 얼마나 살 수 있어요?

사람은 음식을 먹음으로써 필요한 영양소들을 얻고 있어요. 그래서 먹지 않으면 살 수 없어요.

하지만 음식을 먹지 않더라도 바로 죽지는 않아요. 다행히 사람의 피부 밑에는 피하지방이 있기 때문에 **음식을 먹지 않아도 1~3개월 정도는**

엄마, 저 인형 사 주세요!

안 돼

살 수 있답니다. 그런데 물을 마시지 않으면 겨우 3일 정도밖에 살지 못해요. 우리가 움직이지 않고 가만히 있어도 숨을 쉴 때마다 우리 몸의 수분이 함께 빠져나가기 때문이에요.